प्राकांक्षा

आकांक्षा एन. चौहान

Made with ♥ on the Notion Press Platform
www.notionpress.com

यह पुस्तक उन सभी को समर्पित है

जिसने अपनी वास्तविकता की

स्वीकृति करके अपने सपनों की दुनिया को प्रेम,

परिश्रम और स्वाभिमान से सजाया है।

क्रम-सूची

प्रस्तावना — vii

भूमिका — ix

पावती (स्वीकृति) — xiii

आमुख — xv

लेखिका के शुभाशीष सह — xvii

1. कहानियाँ — 1

2. बेठे बेठे — 3

3. बारिश — 6

4. ख़वाब — 8

5. इंतज़ार — 10

6. प्रभाव — 12

7. खूबसूरती — 14

8. स्पर्श — 16

9. मेले — 18

10. गहराईयां — 20

11. अध्याय — 22

12. समय और संबंध — 24

13. पंछी — 26

14. मंजिल — 29

15. सवाल — 31

16. अधूरा — 32

17. सौभाग्य — 34

क्रम-सूची

18. कविताएं — 36

19. बचपन — 38

20. मर्यादा — 40

21. सादगी — 42

22. बलात्कार — 45

23. हार-जीत (हिंग्लिश) — 48

24. दोस्त (हिंग्लिश) — 51

25. मेरी जिंदगी (हिंग्लिश) — 54

26. किताबें (हिंग्लिश) — 56

27. हम तुम (हिंग्लिश) — 58

28. Passion या Profession? (हिंग्लिश) — 60

29. मोबाइल फोन (हिंग्लिश) — 63

30. कुछ पुराने गानों का दौर (हिंग्लिश) — 65

31. वक़्त (हिंग्लिश) — 67

32. वो दिन (हिंग्लिश) — 69

33. नया साल (हिंग्लिश) — 71

सारांश — 73

प्रस्तावना

यह पुस्तक का उपदेश किसी भी इंसानी भावनाओं को ठेस नहीं पहुंचती। इसमें लेखिका ने अपने विचारों को कविताओं के रूप में व्यक्त किया है। अपने आसपास की दुनिया से प्रेरित होकर, अपने अनुभवों से कुछ सीख कर लेखिका ने इस पुस्तक की कविताओं को लिखा है। इस पुस्तक में हमारी आसपास की सारी दुनिया है।

प्राकांक्षा का अर्थ महत्वाकांक्षा होता है जो इस किताब को लिखने वाली लेखिका के नाम को बहुत अच्छे से समझाता है। इस किताब में लिखी गई हर कविताएं लेखिका के दृष्टांतो को दर्शाता है जिसमें वे अपने विचारों को मुक्त रूप से बयां करती है।

इन कविताओं का भावार्थ सिर्फ प्रेम से अपने वास्तविकता को जीने का तरीका सिखाना है। वास्तविकता के हर पहलू को सपनों के सफर के साथ रखकर चलना सिखाती है यह कविताएं। इस किताब में लिखी पंक्तियाँ में आज तक लेखिका ने जो भी पाया, खोया और अपनाया है वह सब उन्होंने अपनी कविताओं में बड़े प्यार से सजा कर लिखा हुआ है।

भूमिका

मैंने पहले किताब मेरे इंजीनियरिंग की पढ़ाई के अंतिम वर्ष में प्रकाशित की थी जिसका नाम था Soul In One Frame. एक अंग्रेजी किताब जिसमें मेरे ख्यालों की मैंने सूची बनाकर रखी हुई थी। इंसान अक्सर अपने अनुभव से कुछ सीखता है और आगे बढ़ता है। मैंने भी अपने अनुभव से कुछ सीखा है और समझा है। हर बार अच्छा अनुभव हो वह भी जरूरी नहीं है! जो भी आप अनुभव करते हो उसके पीछे एक मकसद रहता है कुदरत का कि आप उसमें से कुछ सीखें। मुझे आज भी याद है जब मैं छठी कक्षा में पढ़ रही थी। तब मैंने पहली बार एक कहानी लिखी थी। उन दिनों हमारे घर में जो न्यूज़ पेपर आता था जिसमें बाल वार्ता की पूर्ति हुआ करती थी। जिसमें ज्यादातर बच्चे अपनी कहानियां लिखकर प्रकाशित कर सकते थे। मैं भी उन बच्चों में से एक थी। कहानी मैंने लिख तो ली और चली गई अपने प्रिंसिपल के ऑफिस में! प्रिंसिपल मैडम ने वह कहानी पढ़ कर मुझे शाबाशी दी और मुझे कहा कि "जब भी यह तुम्हारी कहानी अखबार में प्रकाशित हो जाए तो उसे उस न्यूज़पेपर में से काट कर लेकर आना! हम उसे बाहर रखे सूचना बोर्ड में लगाएंगे ताकि सब लोग तुम्हारी यह कहानी देखे और पढ़े भी।" संजोग अनुसार कुछ ऐसा हुआ कि मैं वह कहानी उस अखबार की पूर्ति तक पहुंचा नहीं पाई। फिर होना क्या था ठान लिया मैंने उसी दिन की 1 दिन में अपनी किताब प्रकाशित करूंगी और पूरी दुनिया उसे पढ़ेंगी। मुझे बचपन से पढ़ने लिखने का बहुत शौक है! समय कहां व्यतीत हुआ पता ही नहीं चला? दसवीं के बाद साइंस ले ली। और 12वीं के बाद इंजीनियरिंग भी कर ली। कुछ भी हो जाए लेकिन पढ़ाई

के साथ मैंने कभी समझौता नहीं किया। मैंने पढ़ाई के साथ-साथ अपने शौक के लिए भी थोड़ा समय निकाल ना सीख लिया था।

कॉलेज के अंतिम वर्ष में मेरे सारे दोस्त देश विदेश जाकर मास्टर पढ़ने की बातें कर रहे थे अपने करियर के बारे में बातें कर रहे थे और मैं सोच रही थी अपने किताबों के बारे में। और होना क्या था जितना भी लिखा था आज तक मेरी डायरी में उसमें से कुछ चुनिंदा विषय पर मैंने लिखना शुरू कर दिया। और अपने उस लिखे हुए ड्राफ्ट को एक किताब का रूप दे दिया। मेरे लिए कला और साहित्य बहुत मायने रखते हैं। मुझे चित्र कला का भी बहुत शौक है। मेरे लिए कला और साहित्य एक सिक्के के दो पहलू जैसे है! जिन्होंने मेरे व्यक्तित्व में स्वाभिमान का श्रृंगार सजाया है। यह जो मैं भारी शब्द लिख रही हूं स्वाभिमान एक श्रृंगार यह सिर्फ शब्द नहीं है यह मेरी दूसरी पुस्तक है। आज मुझे अपने आप पर भी गर्व है कि मैं अपने अपनी पढ़ाई के साथ-साथ अपने शौक को भी अच्छे से पूरा किया है। इंजीनियरिंग खत्म होने के तुरंत बाद मुझे एक शाला में कैंपस डायरेक्टर की पदवी मिली। और अभी मैं इसी शाला संस्था में कार्यरत हूं। आगे भी मैं अपनी लिखने की शौक को कभी खत्म नहीं करूंगी। और ऐसे ही आप सभी वाचक को रोचक विषयों पर किताबें पढ़ने का मौका भी देती रहूंगी।

यह किताब सिर्फ किताब नहीं है। यह मेरे दिल का टुकड़ा है। मैं अक्सर चुप रहना ज्यादा पसंद करती हूं। सबसे ज्यादा बात मैं अपने आप से ही करती हूं। जब मैं अपने आप से बात करना शुरू करती हूं तो मैं कागज और कलम साथ में लेकर रखती हूं। पूरी दिनचर्या में से मैंने जो कुछ भी अच्छा सीखा है वह मैं लिखती हूं। और पूरी दिनचर्या में जाने-अनजाने मुझसे कुछ गलत हुआ है तो वह वापस से दोहराया ना जाए वह भी लिखती हूं।

इस किताब में मैंने अपने यहां तक कि जिंदगी के सफर में जो कुछ भी सीखा है, समझा है, खोया है, पाया है वह सब कुछ है। इस किताब में मेरे आस-पास की दुनिया है।

आशा है कि आप को इस किताब से जरूर कुछ सीखने को मिलेगा। और आगे भी मैं अपनी कविताओं के लिए इस पुस्तक के शीर्षक को ही चुनना पसंद करूंगी।

पावती (स्वीकृति)

यह पुस्तक का प्रकाशित होना किसी भी जाति धर्म और जाति की भावनाओं को ठेस पहुंचाना नहीं है। इससे केवल लेखिका ने अपने विचारों को कविता के रूप में बयां किया है। वाचक गण कृपया इस पुस्तक नहीं लिखे गए शब्दों सकारात्मकता से समझने की कोशिश करें और इसका सकारात्मक प्रभाव भी लोगों तक पहुंचाए।

यह पुस्तक का प्रकाशित होना किसी भी जाति धर्म और जाति की भावनाओं को ठेस पहुंचाना नहीं है।

इससे केवल लेखिका ने अपने विचारों को कविता के रूप में बयां किये है।

वाचक गण कृपया इस पुस्तक में लिखे गए शब्दों को सकारात्मकता से समझने की कोशिश करें और इसका सकारात्मक प्रभाव भी लोगों तक पहुंचाए।

आमुख

मुझे पहली बार कविताएं लिखने का ख्याल तब आया जब मैंने अपने आप से बातें करना शुरू किया। अक्सर लोग इसे पागलपन कहेंगे मगर हकीकत यही है कि इंसान अपना ज्यादा वक्त अपने विचारों में ही व्यतित करता है। हमारी विचारधारा को एक अच्छे बहाव में लाना वह भी एक कला का काम है और उस कला का नाम है कविता।

मैं जब भी खुश होती हूं तो चाहे लोगों के लिए वह खुशी कितनी भी छोटी हो मगर मेरे लिए वह मेरे मुस्कुराहट है जिसको मैं हमेशा अपने मोबाइल के नोट्स में सेव करती रहती हूं। मेरी हमेशा से यही एक आदत है कि सोने से पहले और उठने के बाद हमेशा अपने मन को खुश रखूं। अपने मन के जो भी गिले-शिकवे वह खत्म कर दूं। सोने से पहले मैं उन लोगों से माफी मांग लेती हूं जिसका मैंने जाने-अनजाने कुछ भी बुरा किया हो। और सुबह उठने के बाद मैं यही तय करती हूं कि आज मैं किसी के चेहरे की मुस्कुराहट बनूंगी। हमारी कुछ अच्छी आदतें हमें इस दुनिया में कई बुरे अनुभव भी करवाती है। जिसे हमें कुछ सीख कर आगे बढ़ना जरूरी है।

मैं हमेशा चुनिंदा लोगों के साथ अपने दिल की बात बयां किया करती हूं और अगर वह लोग भी मेरे आस-पास नहीं है तो मैं अपने आसपास की किसी भी चीजों से बातें करने लगती हूं। इसी आदत ने मुझे आज इस कविता के पुस्तक लिखने में प्रेरणा दी है।

कविताओं में ऐसा जादू है जो निर्जीव चीजों में भी जान भर देती है। और मेरा यही ख्याल मुझे मेरी कविताओं को लिखने में

प्रेरित करता है।

मैं एक एसी इंसान हूं जो अपने मन की बातों को अपने मन तक ही रखना पसंद करती हूं! कविताएं मेरी धड़कन है। मैं अपने आप में मेरी जिंदगी की कविता हूं। आशा है कि आपको यह कविताओं का सफर अच्छा लगे। इस किताब में मेरी वह दुनिया है जिसमें मैं जीती हूं।

आप सभी वाचक भी प्राकांक्षा के सफर का हिस्सा बनने जा रहे हैं। इसलिए मैं सप्रेम आप सभी का इस सफर में स्वागत करती हूं।

-आकांक्षा एन. चौहान

लेखिका के शुभाशीष सह

जब मैंने पहली बार कविता पढ़ी, मैंने ईमानदारी से सोचा, क्या मैं वास्तव में आकांक्षा को जानती हूं? क्या यह वही लड़की है जिसे मैं जानती हूँ या वह केवल उस शब्द से कहीं अधिक है जो वह बोलती है! अब तक, मैंने केवल यही सुना था कि जो लोग अपने ज़ज़्बात अक्सर शब्दों से व्यक्त नहीं करते हैं वे सबसे अधिक अभिव्यंजक होते हैं। में खुद उन व्यक्तियों में से एक हूं और आकांक्षा में भी मैंने यही अभिव्यक्ति पायी है।

ये शब्द, ये केवल शब्द नहीं हैं - ये भावनाएँ हैं - एक कहानी हैं! और जो इससे संबंधित होंगे, वे वही होंगे जिन्होंने अपनी आत्मा से प्रेम किया है।

प्यार सिर्फ एक ढाई अक्षर का शब्द है जिसे हम सभी जानते हैं। लेकिन क्या हम सभी जानते हैं कि प्यार क्या है?

किसी के लिए जो प्यार का मतलब होगा वह शायद मेरे लिए वैसा न हो!

पढ़ते-पढ़ते मेरी आंखों में आंसू आ गए। मुझे अभी भी याद है, मैं यात्रा कर रही थी और मैं बस इतना कर सकती थी कि आकांक्षा की हर एक कहानी में, उसकी लिखी हर एक पंक्ति में उसकी कल्पना करूं! कविता का सौन्दर्य वहाँ बहुत गहरा है। मुझे यकीन है कि आप में से बहुत से लोग आकांक्षा की प्राकांक्षा से संबंधित होंगे।

मैं और क्या कहूं! आकांक्षा, तुम आश्चर्यजनक रूप से प्रतिभाशाली हो। एसे ही आगे बढ़ते रहो हमेंशा...

- मोनल जगतानी (Software Engineer, Actress)

आजकल के जमाने में लोगों को सब कुछ सोशल मीडिया के प्लेटफार्म से ही मिल जाता है। लेकिन अपने आसपास की दुनिया में से कुछ प्रेरणादाई काम करना बहुत कम लोग जानते हैं। उन कुछ लोगों में आकांक्षा की गिनती करना लाजमी है। जो आजकल के जमाने की होकर भी सोशल मीडिया और अपनी वास्तविक दुनिया दोनों को अच्छे से साथ लेकर चलती है।

आकांक्षा ने अपने आसपास की दुनिया से जितनी भी प्रेरणा ली है वह की लिखावट के रूप में उनकी किताबों में पाई झलकती है। मैं पूरे विश्वास के साथ कह सकता हूं कि आकांक्षा की प्राकांक्षा बहुत सफल होगी। जिस तरीके से वह अपने आसपास की दुनिया से प्रेरित होती है वैसे ही उनकी यह किताब भी हर एक वाचक को अपनी जिंदगी का एक नया रूप सजाने में मदद करेगी। ज्यादातर इंसान अपना समय अपने विचारों में व्यतीत करता है और अगर उस विचारों को इस दुनिया के सामने लाया जाए तो जायज है कि वह कोई आविष्कार बनेगा या तो किसी किताबों में तब्दील होगा। और हमें भी पता है कि आविष्कारक हमारे जीवन को सरल बनाता है तो एक अच्छा विचार हमारे जीवन सफल बनाता है। ऐसे ही सफलता के रास्ते पर आकांक्षा चलती रहे और इसी तरह उनके पुस्तक के वाचक को आकांक्षा से जुड़ने का मोका मिलता रहे।

- आशुतोष बत्रा (Software Engineer)

1. कहानियाँ

करवटें लेती कहानियाँ
अक्सर नींद हराम कर देती है!
न जो मैंने सुनी न तुमने कहीं बातें-
अक्सर जज़्बातों को बदनाम कर ही देती है!
अरमानो के तकिये को कसकर पकड़े सुनहरे
सुबह का ख्वाब देखना यही तो है रात का काम!
फिर क्यों उस तकिये को काग़ज़ बना कर
आँसू की स्याही से कहानियाँ लिखता है ये इंसान!
एक करवट आते ही मानो,
हाथों की लकीरें उस स्याही को मिटा देती है!
लेकिन, कई अनलिखि कहानियो की स्याही
बह कर उस कानो में शोर करती है जहा,
वह उसे चाहकर भी अनसुनी नहीं कर सकता!
यूंही रात के एकांत में भी मानो तारो जितनी-
अनगिनत कहानियाँ यादो के टुकड़े जैसे,
दिलों के ब्रह्मांड में बिखरी पडी है!
गिनने जाओगे तो उस कहानियों के
पन्नों में कहीं घूम हो जाओगे और-
देखते रहोगे तो नजर उससे हटा नहीं पाओगे!
एक तारा टूट भी गया यादो का तो
आँखें बंध कर उसे अपनी नजर-
में कैद कर न जाने कितनी ख्वाहिशों से बाँध देते हो,
जरा आँखें खोलकर देखले ए इंसान तेरी ख्वाहिशों से-

भी बेहतर हकीकत तेरा इंतजार कर रही है!
बिस्तर के पास रखा पानी मानो
समुंदर सा लगने लगता है जब,
दिल के किताब में रखी कोई सूखे गुलाब की
एक डाली गिर कर बिखर जाती है उसी तरह,
जज्बातों की नाव उस समुंदर में डूब जाती है!
जब खुद नाविक ही अपनी नाव पर नियंत्रण न ला सके
तो,
उसे डूबने से तो बचाया जा सकता है
लेकिन उसकी नाव को नहीं!
अगर अपनी नाव पर टिके रहने की जिद लेकर,
बेठे रहने से न तो वह खुद बचता न तो उसकी नाव!
जज्बातों की कई कहानियाँ ठंडी हवा की लहर सी हो तो-
उसके एहसास का छूना भी अच्छा लगता है!
मगर, जब ये आँधी का रूप ले चुके तो,
सब कुछ तबाह कर सकती है!
जज्बातों को उस समुंदर में बहने दो!
शायद कहीं दूर जाकर शांत हो जाए!
संभाल लो इस बहाव को न जाने कब बाढ़ बन जाए!
करवटें लेने से पहले अपने जज्बातों को सुलाया करो...
क्योंकि,
न जो मैंने सुनी न तुमने कहीं कहानियाँ
अक्सर जज्बातों को बदनाम कर ही देती है!

❧❧❧

2. बेठे बेठे

बस यूं ही बेठे बेठे मेरे ख़यालों को
कलम का साथ मिल गया और
ये दोनों न जाने किस डगर पर चल पड़े!!!
रास्ते में काग़ज़ मिला,
बोला "क्यूं जनाब अकेले अकेले?"
हँसकर गले लगाया काग़ज़ को कलम ने
और शुरू हो गई एक नई कहानी!!!
कई बार घृणा हुई मेरे ख़यालों को
कलम और काग़ज़ का साथ देखकर इसलिए;
एक बार कलम को गलत साबित करके
फाड़ दिया उस काग़ज़ को जहां
कभी कलम अपने प्रेम की स्याही से
अपनी सफलता की कहानी लिखना चाहती थी!
रोई वह कलम पूछा प्रश्न मेरे ख़यालों से,
"गलती थी मेरी तो सजा क्यूं उस काग़ज़ को?"
अपनी बातों से फिर से संभाल लिया
मेरे ख़यालों ने उस कलम को
और फिर दोनों चल पड़े एक नई डगर पर!
फिर आया एक नया काग़ज़,
मानो कलम को जीने की
एक नई आशा मिली!
एक बार फिर मेरे ख़यालों घृणा से बौखला उठें,
वह न देख पाया कलम को काग़ज़ के साथ!

इस बार कलम ने भी
अपनी गलती स्वीकार कर,
सजा मांगी और
उस काग़ज़ को मेरे ख़यालों की
घृणा के सामने निर्दोष साबित किया!
क्या सजा देते मेरे विचार
उस कलम को जिसमें
उसके प्राण बस्ते है!!!
कलम ने मेरे ख़यालों का
हाथ थामकर कहा,
"मेरे और तुम्हारे रिश्ते में एसे कई
काग़ज़ और घृणा आते रहेंगे!
पर क्या तुम अपनी गलती मान सकते हो?"
मेरे ख़याल मानो सुन्न से हो गए!
घृणा की वज़ह से निर्दोष काग़ज़
जैसे न जाने कितनों रिश्तों को
शक के तराजू में तौलकर उनके
मूल्यों को रद्दी बना दिया!
न थी गलती कलम की,
गलती थी मेरे उन ख़यालों की!
कलम तो आज भी
मेरे ख़यालों की आत्मा से जुड़ी हुई है
जो मेरे विचारो को जीवित रखती है!
बस यूं ही बेठे बेठे मेरे ख़यालों को
कलम का साथ मिल गया और
ये दोनों न जाने किस डगर पर चल पड़े!!!

आकांक्षा एन. चौहान

3. बारिश

पहली बारिश की तरह तुम भी
कभी मेरे दिल की जमीन पर बरसना!
मेरे प्यार की खुशबु तुम्हारे मन के हर
काले बादल को निचोड़ देगी!
वक़्त बर्बाद मत करना मुझसे
मिलने की उम्मीद लिए,
बस एक धूप का टुकड़ा मेरे
आँगन की खिड़की पर भेज देना,
मे तुम्हारा जवाब समज जाऊँगी!
बारिश की ठंडी हवा की लहर बने
मेरी आँखों की पलखों पर ठहर जाना!
शायद मेरी आँखे पढ़ कर
तुम्हें मेरा जवाब पता चले!
क्यूंकि,
में जानती हूँ की मेरे शब्दों की
भाषा तुम्हें समज नहीं आएँगी!
ये सिर्फ शब्द नहीं है जो तुम पढ़ रहे हो!
ये सप्त रंगों से भरे हुए अल्फाज़ है...
ये बारिश की एक एक बूंद की खनक है...
और में चाहती हूं की तुम उसे समझो!
तुम वो शब्द को नहीं,
पर वो अल्फाज को मेहसूस करो!
जब तुम्हें मेरे अल्फाजों का एहसास होगा तब

आकांक्षा एन. चौहान

तुम मुझे अपने पास पाओगे
मेरी रूह तुमसे रूबरू होगी
मेरा प्यार तुम्हारी आँखों में
बारिश बनके छलकेगा
बस तब तुम मुझे समज जाओगे और
मेरे जवाब का इंतजार खत्म होगा
पहली बारिश की तरह तुम भी
कभी मेरे दिल की जमीन पर बरसना!

4. ख़्वाब

अकसर हम ख़्वाबों मे उन्हें देखते है
जिसे हम हक़ीक़त में अपना नहीं सकतें!
न जाने कितने ख़्वाबों को
हक़ीक़त बनाने में इंसान उस
हक़ीक़त को जीना भूल जाता है
जो शायद उसके ख़्वाबों की
दुनियाँ से भी ज्यादा बेहतरीन है!
लड़खड़ाती डगर पर चलना
अक़्सर रास्ता भटका देती हैं।
गुमराह रास्ते की कोई ना कोई मंजिल होती है
लेकिन,
कच्ची नींद मैं सपनों की कोई जगह नहीं होती।
इंसान भी अजीब है और उसके ख़्वाब भी!
हक़ीक़त को ठुकरा कर,
ख़्वाबों मे जीने वालो के ख़्वाब कभी
पूरे नहीं होते जनाब!
जरा आँख खोल कर तो देख लो,
एक कोशिश तो करके देखो,
गिरकर उठकर संभलना तो सीख लो,
क्या पता -
जिस ख़्वाबों को तुम देख रहे हों वो,
एक बहतरीन हक़ीक़त बने
तुम्हारा इन्तेज़ार कर रही हो!

अपना लो उसे आज वर्ना-
कल वो भी एक ख़्वाब बन न जाए क्योंकि;
अकसर हम ख़्वाबों मे उन्हें देखते है
जिसे हम हकीक़त मैं अपना नहीं सकतें!

5. इंतज़ार

इंतज़ार अकसर एसी गभराहट
के जाले बूनने लगता है
दिमाग में मानो कि इस जाले में
साँस ही अटक जाती है!
जैसे परीक्षा के बाद परिणाम की राह
मन को समय के साथ
कुछ क्षणों में बांट देती है
वेसे गभराहट भी दिल की
हर धड़कन को क्षण में मानो दिल
से काट कर अलग कर देती है!
इंतज़ार उसीका करो जिसकी
वापस आने की उम्मीद हो!
वर्ना उम्मीद का दीया रोज जलाकर
उसे देखने वाले की आँखों में
पट्टी बंधी होगी तो -
अपने ही मन को उस दीये की
ज्योत में जलता देखोगे!
उम्मीद के दीये में हमेंशा
वास्तविकता का ही तेल डाला करो!
क्योंकि वहीं तेल दीये की
मिट्टी में समा के उसे ओर
मजबूत बनाएगा एक ओर
नयी उम्मीद की ज्योत जलाने के लिए।

खामोशी अक्सर गभराहट की
रूपरेखा बयां कर देती है...
हो सके तो उस खामोशी की रेखा को लांग देना!
क्या पता वो गभराहट ही मीट जाए!!!
खामोशी को शब्दों की माला में बुनना सीख लो,
क्या पता जिसका इंतज़ार तुम्हारी आँखों को है,
उसका रास्ता तुम्हारी जुबान तय कर दे।
क्योंकि इंतज़ार अकसर गभराहट
के जाले बूनने लगता है,
और उसमे उस जाले में अकसर
अपने गुरूर को फंसने देना!
क्योंकि,
अगर किसीको अपनाने की तम्मना में गुरूर
बीच में आया तो इंतज़ार खुद ही
सांसो को उसी जालों मैं फंसा
कर अपना दम तोड़ देगा...

6. प्रभाव

धूप की किरण सा तुम्हारा प्रभाव मेरे मन को यू
लुभा गया मानो मेरे मन में भरे हुए
सारे अंधकार को मुक्ति मिल गई हो!
मेरे मन की हर खिड़की तुम्हारे
आने के एहसास से ही
तुम्हारे स्वागत में पर्दे हटाकर
अपने आपको तुमसे गले मिलाने
अपनी बाहों को खोल देती हैं।
हो सके तो उस नमकीन डिब्बों में
तुम अपना प्रेम भी लेकर आना!
क्योंकि,
मेरी आँखों को वो बहुत भाया हैं।
आज धूप का काजल लगाकर,
चंद्र सी बिंदी सजाकर
मानो मेरा हृदय शाम-
की गुलाबी रंग सा खिल गया हैं।
सोचा आज धूप की पहेली
किरण से तुम्हारा स्वागत करूँ!
क्या पता तुम रात की
चाँदनी तक रुक जाओ!
एक नई धूप में हम सितारों
से अपनी दुनिया सजाएगे।
धूप की किरण सा तुम्हारा

आकांक्षा एन. चौहान

प्रभाव मेरे मन को यू लुभा गया
मानो मेरे मन में तुम्हारे
अस्तित्व की पूरी छबि बसा ली हैं।

7. खूबसूरती

खूबसूरती की परिभाषा
इंसानों में कहाँ हैं!
वे तो सिर्फ प्रकृति में हैं
जो इंसान के स्वभाव में झलकती हैं।
रंग भेद इंसानो में होते हैं!
कुदरत की आँखों में तो
हर रंग का सम्मान होता हैं ।
फर्क सिर्फ इतना है कि फूल
भवरो को अपनी महक से लुभाता है
और इंसान अपनी वाणी
से भी दूसरों को दूभाते हैं।
खुद की रक्षा के लिए
गुलाब में भी कांटे होते हैं
और इंसान तो अपने
अहंकार की रक्षा के लिए-
अपनों से ही रिश्ता काटते होते हैं।
हर पेड़ अपनी जड़ों से मजबूत
होकर दूसरों को छाया देता है
और इंसान की जड़े चाहे
जितनी भी मजबूत हो
वे खुद स्थिर कभी नहीं
खड़ा हो सकता जबतक-
उसने शिष अपने माता- पिता के

सामने झुकाया न हो!
हो सके तो थोड़ा सीख लो
इस प्रकृति से ओ इंसान,
क्या पता प्रकृति से जुड़कर
तुम्हें तुम्हारी असली
खूबसूरती का पता चले!
क्योंकि; खूबसूरती की
परिभाषा इंसानों में कहाँ हैं
वे तो सिर्फ प्रकृति में हैं
जो इंसान के स्वभाव में झलकती हैं।

8. स्पर्श

तुम्हारा स्पर्श मेरी रूह
को जब भी छूता है,
मानो मेरी संवेदना शरम से लिपटी
स्मित को मेरे होठों
पर ठहरा जाती हैं।
जब भी तुम मेरा हाथ पकड़ते हो,
मेरे हृदय की हर धड़कन
मुझे तुम्हारी धड़कनों से
मिलाने की साजिश में जुट जाती हैं!
प्रेम मेरी रागों में खून बनके
मेरी हर एक स्वास का प्रमाण देती है!
तुम्हारा मेरी लट को सुलझाना -
मेरी हर लट में तुम्हारें
प्यार का गजरा सजा देती हैं।
कमाल तो तब होता है जब तुम मुझे
अपनी बाहों में भर लेते हों
तब सिर्फ मेरा जिस्म ही नहीं
ब्लकि समय का हर एक क्षण
मानो तुम तक ही रुक जाता हैं।
ओर तब में सिर्फ तुम्हारे स्पर्श को ही नहीं,
तुम्हारी रूह को भी छूती हूं!
क्योंकि;
तुम्हारा स्पर्श मेरी रूह

को जब भी छूता है,
मानो मेरी संवेदना शरम से लिपटी
स्मित को मेरे होठों पर ठहरा जाती हैं

9. मेले

रिश्तों के मेले में दिल को
कई जुलो में जुलना पड़ता है!
कभी जमीन पर गिरकर धूल बनके
अपने आप को रिश्तों
से दूर कर देता हैं तो,
कभी हवा की लहर बने उस रिस्तों
पे लगी धूल को मिटा देता हैं!
रिश्तों की अहमियत बरकरार रखने
न जाने कितनी बातें
अपने तक ही रखता हैं!
भले ही खुद टूट जाए!
मगर दूसरों का दिल न टूटे इसलिए-
अपने आप को भी तोड़कर
उन छोटे छोटे टुकड़ों को
जोड़कर फिर से उन रिश्तों की
धड़कन बनना जनता हैं!
ये सिर्फ दिल ही कर सकता हैं!
वर्ना रिश्तों के जुलो में-
दिमाग का आना किसी
मौत के कुए से कम थोड़ी न हैं!
दिल गलती कर के भी
माफी माँगना जानता हैं और
दिमाग गलती अपनी गलती मानकर भी-

अपना स्वार्थ निकालना जानता हैं!
रिश्तों के जुलो में जुल्कर
अक्सर दिल रोता है,
हंसता भी है
पर अंत में सुकून भी पाता है!
जो शायद दिमाग को कभी
नसीब नहीं होता!
और शायद इसीलिए ;
रिश्तों के मेले में दिल को
कई जुलो में जुलना पड़ता है!

10. गहराईयां

प्रेम की गहराईयां उन हवाओं से
पूछो जो बड़े से बड़े
चट्टानों को भी तोड़ गिराती हैं।
उत्तर उन शिप में रखे मोती भी
दे देंगे जिसकी तलाश में
ज़वेरी को भी मछुआरों से
सौदा करना पड़ता है।
प्रेम सिर्फ शब्द होता तो
शायद कोई शायर न बनता।
प्रेम जज़्बात है इसलिए इसमें
पागल होना भी जायज है।
प्रेम की भाषा को
समझना नहीं पड़ता और
समझदारी प्रेम को
समझा नहीं सकती।
प्रेम वह सूरज मुखी का फूल है
जो सूर्य से कोसों दूर होकर भी
सूर्य के सबसे करीब होता है।
प्रेम रतन है,
जो किसी गरीब को भी मिल
जाए तो भी वह दुनिया में सबसे अमीर है।
बिना किसी आशा और
अपेक्षा से किसी को-

प्रेम करते रहना वह
प्रेम नहीं वह समर्पण है
जो अपनी हर मर्यादा जानता है।
किसी का प्यार बने उसकी
जिंदगी का हिस्सा बनना वह प्रेम नहीं।
वह स्वीकृति है जो एक दूसरे
का सम्मान करना जानता है।
प्रेम की गहराइयां अपने
आप से भी पूछ लो
शायद इस में डुबकी लगाने
से तुम डूबने से तैर जाओ।

11. अध्याय

तुम मेरी जिंदगी का वह पूर्ण अध्याय हो
जिसे मैं जितनी भी बार पढ़ लूं
अधूरा सा लगता है।
उन पन्नों में खोना और
तुम्हारे नाम पर रुक जाने का
सिलसिला अब रोज का है।
शुरू से शुरू करूं पढ़ना
तुम्हें तो अंत का भय लगता है
और अंत देखूं तो सब
बिखरा हुआ सा लगता है।
मन करता है कि फिर से तुम्हें लिखूं और
बस यह अंत बदल दूं।
कहते हैं कि अंत एक
नई शुरुआत लेकर आता है
पर जब तक एक नई
शुरुआत पुराने अंत को
संपूर्ण अपनाकर अपनी बाहों
में भर नहीं देती तब तक
कोई नई शुरुआत
नई सी नहीं लगती।
तुम्हारा अध्याय तो पूर्ण हो गया है -
पर तुम्हारा किरदार अभी
तक मेरे हृदय में जीवित है।

तुम्हारी हर अदा की
यह कलम साक्षी है-
जिसने तुम्हें मेरी जिंदगी की
किताब में बड़े प्यार से लिखा है।
उस कलम की स्याही में आज
भी तुम्हारी मुस्कुराहट है
जो कभी-कभी मेरे होठों
पर भी आ जाती है।
तुम्हारी वफादारी का
प्रमाण यह पन्ने आज भी देते हैं
जो पुराने होकर भी;
इस किताब की जड़ों से
आज भी मजबूती से जुड़े हुए हैं।
तुम सुन रहे हो या नहीं?!
मुझे तो यह भी नहीं पता कि
मेरी आवाज तुम तक
पहुंच भी रही है या नहीं।
पर जब भी मैं यह
किताब पढ़ती/पढ़ता हूं,
तुम मेरी जिंदगी का
वह पूर्ण अध्याय हो,
जिसे मैं जितनी भी बार
पढ़ लूं अधूरा सा लगता है।

12. समय और संबंध

समय और संबंध की
प्रतियोगिता में हारता प्रेम ही है।
भाग-दौड़ भरी जिंदगी में हम समय के
साथ आगे तो बढ़ते हैं लेकिन;
कुछ अपनों को पीछे
छोड़ना भी कहां लाजमी है?
समय और संबंध की
दौड़ में समय जीत गया
फिर भी गले लगाकर
तुम्हारी थकावट को
दूर करने वाला कोई नहीं होगा।
शब्दों को जीतने में
समय जरूर लगता है
पर यकीन मानो
अगर कोई अपना साथ है
तो हारे हुए प्रेम को भी जीत जाओगे।
थोड़ी फुर्सत अपने और
अपनों के लिए भी निकाला करो।
जिस संबंधों में दरारें पड़ी है
उसमें प्यार का
मरहम लगाया करो!
क्या पता दरारों के दाग और
मन का मेल दोनों ही मिट जाए?

आकांक्षा एन. चौहान

समय और संबंधों के मिलाप
में अक्सर जीत ता प्रेम ही है।

13. पंछी

आज खुश होकर मानो
मेरा मन पंछी बना उड़ने लगा।
आज किसी पेड़ों की शाखों
पर नजर टिकी ही नहीं
बस आसमान की ओर
आगे उड़ती ही गई।
ऊंचाइयों से जो
कभी घबराता था-
आज वही मन बादलों
की सवारी कर रहा है।
बहुत मनाया अपने मन
को इतना भी ऊंचा मत उड़ो
पर इस बार मेरे मन ने
मेरी एक भी न मानी!
दुनियादारी से परे हो तो
बस अपनी मस्ती में ही था।
फिर किसी अजनबी ने
तानों का पत्थर दे मारा!
मेरा मन पंछी था उसने अपना
रास्ता बदल दिया उड़ने का।
दूर से देखा तो जवाबदारी की
डोर से बंधी पतंग दिखाई दी।
पास आकर देखा तो

सही में वह जिंदगी थी।
मेरे मन में पहले तो
बेवजह मुस्कुराना बंद किया।
नीचे आया एक डाल
पर जहां था एक घोंसला
उस घोसले में मेरा मन को
घर नजर आया।
और होना क्या था घर को देखकर
मेरे मन को मेरी याद आ गई!
लौट आया मेरे पास और बोलने लगा
"जब लौट के वापस से बुलाना था तो -
जाने क्यों दिया इतनी ऊंचाइयों पर?"
काश मेरा मन मेरे काबू में होता तो
शायद उसे यह सवाल ही ना होता।
फिर बैठे-बैठे में मुस्काई
अपने मन को फिर से हंसाने की
कोशिश कि मुझे हंसता देख
मेरा मन वापस से मुस्कुराने लगा।
जो ज़िंदगी हम हकीकत
में नहीं जी सकते उसके
लिए अपने मन को क्यों बांधना
किसी वास्तविकता के पिंजरे में?
कहा जाता है;
कि व्यक्ति जैसा सोचता है वैसा ही
व्यावहार करता है अपने व्यक्तित्व में!
फिर मैंने नहीं रुका अपने मन को
खुश होने से और ना ही उड़ने से।

शायद इसीलिए आज मैं
अपने मन के साथ
अपने सपनों से भी खूबसूरत हकीकत
के आसमान के तले जी रही/रहा हूं।
और आज मुझे खुश देखकर
मेरा मन भी मुस्कुराया और
फिर से मेरे लिए एक बेहतरीन आसमान
की खोज में पंछी बन उड़ चला।

14. मंजिल

मैं एसे सफर पे हूं जहां मंजिल
की कोई तलाश नहीं है।
काफी सही रास्ता दिखाने
वाले भी मिले पर
वह रास्ता शायद उनके
तरफ से मेरे लिए सही था!
ना मान के उन लोगों की बात
चल पड़ी/पड़ा वापस से उस सफर
पर जिसकी कोई मंजिल तय नहीं है।
रास्ता अनजान होकर भी
काफी अपनों से मिला-ता गया
और
परायो का परिचय भी करवाता गया।
मुझे नहीं पता कि मेरी मंजिल क्या है पर,
रास्ता जो मैंने चूना है
उस पर इतना तो भरोसा है
कि अंत अच्छा ही होगा!
अंत भले अच्छा हो या बुरा -
इस सफर की यादें और
नई बनी यारी उस अंत को सजाने
में जरूर मेरी मदद करेंगीं।
मंजिल पाने के लिए निकली थी मैं और
एक ऐसा मुकाम पा लिया

जिसे मंजिल अपने आप
मेरा हाथ थामे अपना
सजदा कराने बेकरार है।
मुस्कुराया वो रास्ता जिस
ने मुझे वह मुस्कान दी।
हाथ छोड़ मेरा मुझे उस
मंजिल को सौंप दिया।
पर कैसे समझाऊं
उस रास्ते को कि मैं
एक ऐसे सफर पर हूं
जहां मुझे मंजिल की कोई तलाश नहीं है!

15. सवाल

आज दिल ने मेरे दिमाग से पूछा
कुछ याद आ रहा है क्या?
दिमाग ने भी मुस्कुरा
कर जवाब दिया
"याद तो मुझे सब कुछ है,
बस वह याद नहीं करना मुझे
जो तुम्हैं आंसुओं से
मिलाने से मजबूर करे।"
यह जवाब सुनकर मुस्कुराहट
मेरे दिल को मिलने दौड़ी चली आई।
इसी तरह कुछ रिश्तो
का भी यही भावार्थ होता है
जो तुम्हारे आंसू के मूल्यों को
मुस्कुराहट में बदल देते हैं।
संभाल के रखो ऐसे
रिश्ते को ताकि अपने
दिल में कभी सवाल न उठे और
दिमाग को तसल्ली देनी ना पड़े।

16. अधूरा

सब कुछ होते हुए भी तुम्हारी
कमी मानो मेरी ज़िंदगी
को ही नहीं बल्कि मुझे
भी अधूरा बनाती है।
तुम्हें ना कभी पाने की
कोशिश की ना ही
तुम्हें कभी खोने का डर फिर भी
तुम्हारी कमी सब कुछ पाकर भी
सब कुछ खो देने का
अहसास करवाती है।
तुम्हारे मेरी ज़िंदगी का हिस्सा
बनना भी एक बहुत बड़ी बात है
पर तुमसे जुदा होने की वजह
आज भी मेरे लिए एक राज की बात क्यूँ हैं?
न थी कमी मेरे प्यार में और
न थी कमी तुम्हारे भरोसे में!
फिर भी यह दूरियां की लकीर
हमारे प्यार के बीच हमारे
भरोसे से ज्यादा क्यों हैं?
मेरे सारे सवालों के जवाब देने के लिए
तुम्हारा होना भी ज़रूरी है।
शायद इसलिए यह कविता मैं भी
तुम्हारी कमी मेरी ज़िंदगी

की तरह अधूरी है।
अब मैं तुम्हें कैसे बताऊं
सब कुछ होते हुए भी
तुम्हारी कमी मानो
मेरी जिंदगी को ही नहीं
बल्कि मुझे भी अधूरा बनाती है।

17. सौभाग्य

तुम्हारा प्यार पाना
मेरा सौभाग्य है और
तुम्हारा प्यार बनना मेरे जीवन
की सबसे बड़ी सफलता है।
तुम्हारे साथ बिताए सारे
पल हमारे प्यार की
निशानी बनाए संभाल के
इस दिल में कैद रखे हैं।
और मेरे साथ की गई बातों
की चमक आज भी तुम्हारी
आंखों में झलकती है जो एक प्यारी सी
हंसी तुम्हारे चेहरे पर ला देती है।
भरोसा तो तब भी था जब
तुम्हारा हाथ थामा था और
आज भी उससे कई ज्यादा है जब`,
तुम्हारे कंधे पर सिर रखकर अपने
बुढ़ापे की कल्पना करती हूं।
तुम्हारे मेरे प्रति का स्नेह आज
भी इन फूलों में महकता है
जो मेरे बालों की लट को
गजरे से बँधे हुए है।
कदम से कदम मिलाकर चलना...
हमारी जिंदगी के रास्ते को मिलकर काटना...

ना घृणा,
ना असमानता,
ना मन में कोई द्वेष एक दूसरे के लिए।
यही तो है सौभाग्य हमारा जो हमें
हमारी जिंदगी के हर एक
पड़ाव में सफलता दिलाता है।
यूं ही नहीं कहती मैं;
तुम्हारा प्यार पाना मेरा सौभाग्य है और
तुम्हारा प्यार बनना मेरे
जीवन की सबसे बड़ी सफलता है।

18. कविताएं

जब भी कलम मेरे हाथों में होती है
तब वह हमेशा एक कविता लिखती हैं।
जो तुम्हें,
मुझे, और हमारी
आसपास की दुनिया को
कागज के पन्नों में एक नई
दुनिया बनाने को बेबस करती है।
मेरी कविताएं मेरा मन है
जिसको पढ़ने के
लिए मेरी कलम की
परवानगी लेना बहुत जरूरी है।
तभी वह कलम तुम्हें उन
सभी पन्नों को पढ़ने देगी
जहां उसकी लिखावट में मेरे
मन की सारी बातें होगी।
मेरी कविताएं मेरे
हर वह जज्बात है
जो शायद कभी मैंने बोल
कर जाया नहीं किए।
जब तुम उसे पढ़ोगे तो
शब्द ही लगेगें मगर
जब तुम उसे समझोगे तो-
शायद तुम्हें उस में छुपे

मेरे जज्बात नजर आएंगे।
यह बात तो सच है कि मेरी
जिंदगी खुली किताब नहीं है।
पर इस जिंदगी के छोटे-छोटे
अच्छे अनुभवों को
मैं इस कविताओं की
पंक्तियों में पिरो तो सकती हूं।
इसलिए जब भी कलम
मेरे हाथों में होती है
तब वह हमेशा
एक कविता लिखती हैं।
क्या पता किसी वाचक
को मेरी कविताएं पढ़कर
अपने मन में छिपी कविताओं
को लिखने की प्रेरणा मिल जाए?

19. बचपन

एकांत में कभी-कभी में
अपने आप से बात कर लिया करती हूं।
जहां मैं सिर्फ अपने
आप से रूबरू होती हूं।
पूछा सवाल अपने आपसे
"क्या यही वह जिंदगी है
जो मैं चाहती हूं?"
मन में शांति सी थी मगर
आंखों में पानी था।
शायद
मुझे मेरा जवाब मिल चुका था।
अतीत के पन्ने यू खुले पड़े थे मेरे आज पर
कि भविष्य को भूल कर
चली गई उस अतीत में
जहां मैं खुलकर मुस्कुराया करती थी!
वह लोग,
वह पेड़ और वह नदी-
जिनको मैं हर शाम मिला करती थी।
यहां मेरी कदमों की आहट से ही-
मेरा घर झिलमिला उठा करता था।
याद है मुझे मेरा वो बचपन...
जो अतीत के पन्ने बने यू
खुला पड़ा है मेरी आज पर।

उन पन्नों की इस जवाबदारी ओ
की किताब में कहां जगह थी?
उठाएं वह पन्ने मैंने और छुपाए
उसको इसी किताब में कहीं।
सोचा की जवाबदारी ओ की;
यह किताब तो रोज खुलेगी
इसको एकांत की जरूरत नहीं है।
क्या पता कहीं किसी पन्ने में-
वापस से मुझे मेरा बचपन मिल जाए?
बस यूं ही कभी एकांत में
अपनेआप से बात कर लिया करती हूं।

20. मर्यादा

प्रेम अपने आप में ही मर्यादा हैं
और जहां मर्यादा नहीं वहां नफरत-
बेहद की रेखा कब लांग
देती है पता नहीं चलता!
मर्यादा हर रिश्ते में होती है।
कभी वह सम्मान से जुड़ी होती है-
तो कभी वह स्वाभिमान से।
प्रेम अपने आप में ही
पवित्रता का प्रमाण है।
वह पवित्रता जिस ने सीता
को अपने राम से मिलाया।
प्रेम अपने आप में ही
आस्था की मूरत है।
वहीं आस्था जिसने राधा को
कभी कृष्ण से जुदा नहीं किया।
प्रेम अपने आप में ही
सम्मान की सूरत है।
वहीं सम्मान जिस ने पार्वती को
अपनी शिव की अर्धांगिनी बनाया।
हमारा प्रेम कभी गलत नहीं हो सकता।
हां, शायद उस प्रेम को बयां
करने का तरीका गलत हो सकता है।
प्रेम की भाषा को कभी

सीखना नहीं पड़ता!
और जिससे प्रेम मिलना
चाहिए उसके आगे
अपने दिल को टुकड़ों में
बांटना नहीं पड़ता।
वह प्रेम है क्या? - जो तुम्हारे
होठों पर लगाए पाबंदियों के पिंजरे,
जहां तुम्हारी
मुस्कुराहट कैद हो जाए?
वह प्रेम है क्या? - जो तुम पर
भरोसे की दीवाल के
नाम पर तुम्हें
अविश्वास के घेरे में
तुम्हें मरने के लिए छोड़ दें?
प्रेम तो वह है जो तुम्हें दुख
में भी मुस्कुराना सिखाए।
प्रेम तो वह है जो तुम्हें
सम्मान से जीना सिखाए।
प्रेम तो अपने आप में
ही एक मर्यादा है
जो तुम्हें
कभी शर्मिंदा नहीं होने देगी।

21. सादगी

खूबसूरती का सबसे
बेहतरीन उदाहरण है सादगी!
सादगी हमेशा तुम्हारे
पेरो को जमीन पर रखकर
तुम्हारे हाथों को
आसमान छूना सिखाती है!
सादगी की कोई ऋतु नहीं होती!
पर हर ऋतु ने अपनी सादगी
का महत्व खूब अच्छे से समझाया है।
बारिश की भीगी मिट्टी की खुशबुः
ठंड के मौसम में धूप
की पहली किरण और
गर्मी के मौसम की शाम!
ये सब अपनी
वास्तविकताओं से जुड़े हुए हैं,
इसीलिए
तो हम इन्हें पसंद करते हैं!
सादगी इस रंगीन दुनिया
में कोरे कागज़ के जैसी है,
जिसके बिना इस दुनियादारी
के रंगों का -
निखरना मुमकिन नहीं है!
अकसर इंसान अपनी सादगी

को दुनिया की नजर से देखते हैं !
सादगी को अपने
लिबास के साथ तोल कर
उसकी कीमत लोगों की
सोच पर निर्भर बना देता है !
सादगी हमेशा से ही
विचारो, जज़्बातों
और इंसानियत से जुड़ी हुई है,
ओर इसका मोल
कभी नहीं हो सकता!
सादगी वो मुस्कराहट में होनी चाहिए-
जो तुम्हें भी साथ मुस्कराना सिखाये
नहीं की,
घमंड में डूबे हुए तुम्हारे
अहंकार को बढ़ावा दे !
सादगी वो आँखों में होनी चाहिए-
जिसमें हमेशा आत्मविश्वास झलकता हो
नहीं की,
आँखों देखा अन्याय भी
तुम्हें अंधा बना कर छोड़े !
सादगी वो हर एक
इंसान में होनी चाहिये,
जो अपनों के लिए
जीता हो नहीं की,
परायों के सामने अपना
आधिपत्य बनाना चाहता हो!
सादगी की ताकत

का एहसास तब होता है-
जब बाहरी दुनिया का प्रदूषण
हमारे घर के पर्यावरण को
नुकसान नहीं पहुंचा पाता !
इस आधुनिक युग में सादगी
का सही मतलब यही है कि,
नए बदलावों की
स्वीकृति करके अपनी
जिंदगी की वास्तविकता
के साथ आगे बढ़ना...
और इसीलिए,
खूबसूरती का सबसे बेहतरीन
उदाहरण है सादगी!

22. बलात्कार

मुबारक हो बेटी हुई है !
आपके घर में लक्ष्मी जी
का आगमन हुआ है !
वहीं कोई रिश्तेदार की आवाज आई,
"बेटी है, अपने बाप पे बोझ बनेगी!"
एक नए बने पिता ने गर्व से कहा,
"में अपनी बेटी को खूब
काबिल इंसान बनाऊँगा,
ताकि भविष्य में उसे किसी के
पर भी निर्भर रहना न पड़े!"
एक बेटी का बचपन बहुत
कम और हसीन होता है !
क्यूँकी,
सिर्फ १३ या १४ साल की उम्र में हो रहे
शारीरिक बदलावों के कारण
बेटियों पर अकसर पाबंदियां आ ही जाती है!
उनकी सुरक्षा का सवाल है !
बेटियों की सुरक्षा की चिंता उसके
परिवार से ज्यादा उसके पड़ौसी,
समाज और रिश्तेदारों को
ज्यादा लगी रहती है !!!
एक लड़की जो अपने पिता
के भरोसे को अटल रखकर

अपने सपनों की दौड़ में आगे
बढ़ने के लिए निकल जाती है
वहां उसी रास्ते में उसे रोक दिया जाता है!
देखती है वो लड़की की कहा है उसके
बचाव के लिए वो लोग जो
उसपर आंखें बनाए बेठे थे!
चिल्लाती है वो जब बात
उसकी सुरक्षा की आती है !
हाथ पैर सब मारकर देख लिया!
पर उसके चरित्र के चिथड़े
उड़ा कर वो हैवान चले गए!
आंखें खुली तो उस लड़की ने अपने पास
उसके माता पिता को पाया!
मानो दोबारा लड़ने की शक्ति मिल गई हो!
फिर आए वो रिश्तेदार, पड़ौसी और समाज!
आते ही बोलने लगे,
"कहा था न कि बेटी है,
ज्यादा छूट देने की कोई जरूरत नहीं थी !
अब क्या कर लोगे जब
इज्जत ही नहीं रही!"
मानो उस लड़की का
हौसला एसे टूट रहा था-
जैसे उसके माँ-बाप की
आँखों से आंसू बह रहे थे!
माँ-बाप के अच्छे संस्कारों
से सिंचा हुआ उनका ही
एक पौधा हैवानों की हवस के

तूफान में अपनी जड़ों से जुदा हो गया!
एसे कई पौधे है जिनके बीज
बोए भी नहीं जाते या तो उन्हें
खिलने से पहले ही जमीन से
अलग कर दिया जाता है !
एक पिता का भरोसा तो कभी
नहीं टूटता अपनी बेटी के लिए मगर,
बेटियाँ जरूर टूट जाती है उस
भरोसे को कायम रखने के लिए!
परिस्थितियों में सुधार
लाना हमारे हाथों में है!
क्यूँकी हम ही भविष्य है!
क्यूँ न एक बेहतरीन आने वाले
कल की तैयारी हम आज से करें?
इस बदलाव को जाति में बांटकर
नहीं बल्कि एकजुट होकर लाना है !
ये काम सिर्फ न मुझे न तुम्हें
बल्कि हमें मिलकर करना है !
बात सिर्फ सुरक्षा की नहीं है,
हम सब के स्वाभिमान की है!

23. हार-जीत (हिंग्लिश)

कोशिश करने वाले की ही हार होती है !
जीत उन्हें इस हार की
वजह से ही तो मिलती है !
अकसर सही और गलत के
बीच हम सही को चुनते हैं,
पर जो उन दोनों के बीच में है
उसे तो हम भूल ही जाते हैं!
जो न ही सही है और न ही गलत!
किसी काम में जीत हासिल करनी हो,
तो कोशिश के बाद भी
हार का मज़ा लेना बनता है !
अरे मुबारक हो आपकी हार हुई है !!!
Celebration तो बनता है!
ये बात शायद बहुत कम
लोगों को समज आएँगी,
पर एक हज़ार हार के बाद आयी हुई
सिर्फ एक जीत ने हार को भी मात दे दी !
अपनी मंजिल तक पहुंचने के लिए हमारे
रास्ते में आई हर हार एक नया रास्ता बताती है,
नहीं की Take a U-Turn!!!
हताश होने के वज़ह हमें उस
हार का शुक्रिया अदा करना चाहिए
जिसने तुम्हें आज एक बेहतरीन

जिंदगी जीने का मोका दिया।
Depression, Rejections, Failures and
All the issue's of your life,
क्या कभी तुमने इनको
हरा ने की कोशिश की?
क्यों बार बार अपने हाथों
से इन्हें जीत का श्रेय देते हो !
क्योंकि तुम डरते हो कि,
शायद ये चीज़े वापस जीत
गई तो तुम वापस हार जाओगे!
अकसर चार लोग क्या कहेंगे?
यही सोच कर
पहले ही हम अपने आप को हरा देते हैं!
रुको जरा!
सोचो थोड़ा!
क्या तुम जो काम कर रहे हों उसमें खुश हो ?
अकसर ज़िम्मेदारियों की Race में
कुछ सपने हार ही जाते है!
तो क्यूँ न उन सपनों को
एक मोका दिया जाए!
सपना अपना है तो हार
भी अपनी होगी और
हार के बाद जो जीत मिलेंगी तो
फिर हार उन चार लोगों की होगी।
तो इन्तेज़ार किस बात का,
अपने सपनों की दुनिया को
हकीकत में तबदील कर दो !

हार भी मिलेंगी, चुनौतियाँ भी आयेंगी,
सपनों के पंख काटने वाले भी मिलेंगे !
अपने आत्मविश्वास का
बना दो हथियार और
चल दो उस राह पर
जहाँ है तुम्हारा मुकाम!
हार और जीत के बीच -
सिर्फ एक कदम
कोशिश की दूरी है !
कोशिश करने वाले
की ही हार होती है!
जीत उन्हें इस हार की
वजह से ही तो मिलती है !

24. दोस्त (हिंग्लिश)

कुछ दोस्त उन गुल्लक में
रखे सिक्कों के जैसे होते है!
जो हमारी मुश्किल घड़ी
में हमारा साथ निभाते है....
कुछ दोस्त हमारे Life के
Sharpener जैसे होते है!
जो हमारी Life की Pencil को एक
नई शुरुआत के लिए तैयार करते है....
Best Friend सिर्फ एक ही होता है?
सच में?
जिंदगी के इस सफर में मिले सारे दोस्त
कोई बचपन का किस्सा है
तो कोई School का Bench Partner !
कोई College का Bunk Master है
तो कोई ऑफिस का Tea / Coffee Break!
कोई हमारा Life Insurance है
तो कोई Accidental Policy!
अकसर जिंदगी जीने का तरीका
हम इन्हीं लोगों से सीखते है !
कभी कभी लगता है की-
हम भी छोटा सा India
साथ लेकर घूमते है !
अलग-अलग Community के साथी कब -

एक परिवार में तबदील हो जाते है -
पता ही नहीं चलता !!
कोई वो Emergency Call है -
जो कभी काम में नहीं आता,
हाँ सिर्फ कभी-कभी ही काम में आता है-
जब किसीको Impress करना हो !
तो कोई वो Conference Call है-
जो बे-फ़ालतू में घंटों तक बातें करते है,
और उनके अलावा सब की
Weird Photo, Social Media में डालते हैं!
मज़ा तो तब आता है
जब हमारा सबसे कमीना दोस्त-
हमारे Parents के सामने
Sincerely Behave करता है!
दोस्तों के साथ Road Trip,
Night out और किसी
एक जगह पर अपना
खुद का अड्डा बनाना!
यही सब तो हमारे बुढ़ापे की
सबसे यादगार कहानियाँ बनतीं है!
Crush, Proposals, Relationship & Breakup
तक का पूरा गुरु Package यानी हमारे दोस्त!
इनकी सलाह बगैर हम
इनमें कुछ नहीं कर सकते !!!
दोस्त यानी चाय में
घुला हुआ वो अदरक,
जो हमारी सेहत के लिए फायदेमन्द है!

दोस्त यानी एक एसा शिक्षक जो हमें,
जिंदगी के Syllabus को
बहुत अच्छे से पढ़ाता है !
दोस्त यानी बारिश की
मौसम में गरमागरम पकौड़े,
जो हमारे खराब से खराब Mood को
अच्छा बनाने के लिए कोई
कसर बाकी नहीं रखते !
संभाल के रखों ईन दोस्तों को
क्यूँकी:
यही तुम्हारी जिंदगी का रंगमंच है...

25. मेरी जिंदगी (हिंग्लिश)

मेरी जिंदगी पहले तुम्हारी तरह ही थी
पर आखिर में उसे मैंने
अपने जैसी बना ही दी!
तुमसे दूर मेरी एक अलग दुनिया है
जहां में रोज एक
नया किरदार निभाती/निभाता हूं।
Netflix, Facebook या Instagram की
उस दुनिया में कोई जरूरत नहीं है!
यहाँ बस में अपने
वजूद से रुबरु होती/होता हूँ।
इस छोटी सी दुनिया में मानो घर का हर कोना
मुझसे बात करने की जिद्द करता है!
यहाँ में चुप होकर भी
बहुत कुछ बोलती/बोलता हूं!
कभी प्यार की बारिश तो,
कभी सुकून का सावन!
कभी हँसी की गड़गड़ाहट तो
कभी एक हल्की सी मुस्कान की नमी !
यहाँ में खुलकर अपने
आप को जीती/जीता हूं!
यहाँ मेरी पहचान की कोई
जरूरत नहीं है क्योंकि,
यहाँ सिर्फ मेरी रूह ही मेरी पहचान है !

यह जगह

धर्म, जाति और दुनियादारी

से बहुत अलग है

जहां में बस अपनी रूह से रूबरू होती/होता हूँ!

यहाँ में अपनी स्वतंत्रता को जीती / जीता हूं!

यहाँ मेरे सपनों के पंख

हमेशा आसमान को छूते है और

सफलता का सागर भी

मेरे हाथों से पार हो जाता है !

ये जिंदगी तुम भी जी सकते हो!

कोशिश कर के तो देखो!

क्या पता आज की ढलती शाम का

सूरज कल की सुबह का नया अध्याय लिख ले!

ये थी मेरी जिंदगी जिसे आखिर में

मैंने अपने जैसी बना ही दी! नहीं ...

ये थी मेरी जिंदगी जिसने मुझे

उसके साथ जीना सीखा ही दिया...

26. किताबें (हिंग्लिश)

कुछ किताबें जिंदगी बदल देती हैं
तो कुछ किताबों में जिंदगी तब्दील हों जाती है
हाँ पता है E-Books के
ज़माने में अब वो पुरानी
किताबों की खुशबु नहीं रही!
पर आज भी उन पुराने
पन्नों में रखा मोर पंख और
सूखा हुआ गुलाब जब भी
उस किताब से नीचे गिर जाता है
तो वह भी एक नई कहानी लिख जाता है!
सिर्फ किताबें पढ़ना जरूरी नहीं है!
किताब का पहला पन्ना हमेंशा
किताब की पहचान करवाता है
और आखरी पन्ना उसे लिखने
का उद्देश्य समझाता है!
जिंदगी और किताबों का एक ही सारांश है !
"Every end is the fresh new beginning"
हर किसीका सोख नहीं होता किताबें पढ़ना!
पर कोई न कोई जरूर होता है जो
उन्हें पढ़ने के लिए मजबूर करे!!!!
हमे सिर्फ यही सिखाया जाता है की
"Education is the best weapon"
पर कहां इस्तेमाल करोंगे ये weapon?

है ना ये out of syllabus question?
किताबों में कई किरदार
अलग अलग भूमिकाएं निभाते हैं और
जिंदगी में एक ही किरदार में
हम अलग अलग भूमिकाएं निभाते हैं!
किताबे हमे बहुत कुछ सिखाती है
बस उसे पढ़ने का
सही तरीका आना चाहिए!
जिंदगी भी हमें रोज कुछ नया सिखाती है
जो हमे सही समय और
सही इंसान की पहचान करवाती है।
जिंदगी भी उसी किताबों
के पुराने पन्नों जेसी है
जो कभी अपना उदेश्य नहीं भूलतीं!
हाँ कभी कभी कुछ
पन्ने खो जरूर जाते हैं!
उन खोए हुए पन्नों को
भी संभाल के रखा जाता है
पर एक खोए हुए इंसान को
कभी संभाला नहीं जा सकता!
कुछ किताबें जिंदगी बदल देती हैं तो,
कुछ किताबों में जिंदगी तब्दील हों जाती है

27. हम तुम (हिंग्लिश)

ये काम तुम करो या मे
करू क्या फ़र्क़ पड़ता है?
क्यूँ इस दुनिया में हमे
हमारे ही Opposite बताया जाता है?
जबकि हम तो बराबर है !!!
ना मे तुमसे ज्यादा हूं!
ना तुम मुझसे कम!
अच्छा ठीक है माना लोग क्या कहेंगे पर,
लोगों का नज़रिया नहीं बदल सकते!
तो क्यूँ न शुरुआत हमसे करे?
कभी तुम Office के
कामों से थक जाओ तो
तुम्हारी अदरक वाली
चाय में बन जाउंगी!
और अगर कभी घर के कामों में,
मेरे पेरों में दर्द हो तो तुम
बिल्कुल मेरी माँ के तरह
मेरे पेरों की मालिश करना!
कभी में शायद office से Late हो जाऊँ तो
तुम मेरा खाना बना दोंगे और
अगर तुम कभी Office से Late
आए तो साथ में बेठकर खाना खाएंगे!!!
तुम्हारी तबीयत खराब हो जाए तो तुम्हारे-

Office का Work में संभाल लुंगी पर,
जब मेरी तबीयत खराब हो जाए तो
क्या तुम घर का काम संभाल सकोगे?
हाँ, अब उतना तो भरोसा है तुम पर!
हम एक है, तो हमारे कर्तव्य भी एक!
क्यूँ न एक लड़का या लड़की बाद में,
पहले एक इंसान बना जाए?
जिसमें ना कोई कर्तव्य की सीमा हो!
बस इंसानियत का फर्ज हो!
ये काम तुम करो या मे करू
क्या फ़र्क़ पड़ता है?

28. Passion या Profession? (हिंग्लिश)

Passion या Profession!
बस यही जानने के लिए हमें
थोड़ा सा वक्त चाहिए।
वो वक्त जो खुद से खुद की पहचान कराए।
जब हम Nursery to 5th Standard में
पढ़ाई करते थे तो,
तब हमारी दुनिया
Fairy-tale और Superheroes
से भरी हुई थी ।
ना ही कुछ खोने का डर और
ना ही कुछ बनने का सपना!
उस समय हम ही हमारे
SuperHero और Fairy हुआ करते थे।
10th Board में आते ही मानो
वह सारे SuperHero और
Fairytale हमारे साथ
Hide and Seek
खेलना शुरू कर देते हैं।
Real Competition तो
अब शुरू होती है जब हमारे
Board Result से
Career Decide हो जाता है!

Science, Commerce and Arts
में बट जाता है हमारा Passion
और तूट के बिखर जाता है -
हमारे Profession को बेहतरीन बनाने के लिए!
After Schooling, Graduation
के लिए नीकल जाते हैं और
इस भीड़ में हम भी कही खो जाते हैं।
फिर आते है Interviewer!
जो एक Degree Certificate
से हमें हमारी किंमत बताते हैं ।
Parents भी खुश और Society भी!!!
पर क्या तुम खुद के लिए खुश हो?
अगर तुम्हारी Job ही तुम्हारा Passion है
Then, Celebrate Your Success!!!
"If You're Not Happy with Your Job Then,
Stop!!!
"Take Your Time For Improving Yourself!"
भूल जाओ के
Society क्या सोचेंगी और
Ignore करना सीखो
अपने आसपास की Negativity को!
ढूंढो तुम्हारे उसी
Superheroes और Fairytale को!
ढूंढो वहीं Passion को जो तुम्हें
रोज एक बेहतरीन इन्सान बनाए!
ढूंढो वह एक वजह जो तुम्हारी
जिंदगी को एक सफल रास्ता बताए!

बस तुम जुट जाओ खुद की
एक नई पहचान बनाने में।
Your First Impressions Is
Not Your Last Impression!
गीरोगें तभी तो फिर से
खड़े होने की हिम्मत आएगी।
कुछ कर दिखाने का Passion ही तुम्हें
एक Job से ज्यादा सुकुन देगा और
तब तुम्हें वाकई खुद से खुद की पहचान होंगी
Passion या Profession?
बस यही जानने के लिए
हमें थोड़ा सा वक्त चाहिए।
वो वक्त जो खुद से खुद की पहचान कराए।

29. मोबाइल फोन (हिंग्लिश)

Mummy और Mobile Phone
इन दोनों की Notification
सुबह से ही शुरू हो जाती है।
एक की Alarm से पहले और
एक की Alarm के बाद।
Mummy के हाथों से बना सुबह का
Breakfast और हमारे हाथ में Mobile...
फिर आता है Papa का पेगाम
"Turn Off Your Mobile Phone And
Do Your Breakfast Properly"
हमारी Side तो वह लेंगे नहीं !
क्युंकी,
Breakfast तो उन्हें भी चाहिए वर्ना
उन्हें Lunch भी नसीब नहीं होगा!!!
हमारा तो क्या?
Mobile से Online Food Order कर लेंगे।
कुछ न कुछ काम करते रहो
मगर Parents के सामने
Mobile Phone का इस्तेमाल कम करो।
अगर कभी भी
Social Occasions में जाना हुआ तो,
Mobile Phone is the best

option for avoiding people!
और Judgement देने के लिए
आते हैं
चाचा-चाची,
ताया-ताई
जीनका हमारे Parent से भी
दूर का रिश्ता होता है!
"आप का/की लड़का/लड़की पूरा दिन
Mobile Phone में घुसे रहता / रहती है"
अब उन्हें कौन समझाये ?
खैर छोडो...
हमें कौन-सा फर्क पड़ता हैं!
हम सब के पास हमारा
Separate Mobile Phone तो है ही पर फिर भी,
Mommy का हमारे Mobile Phone से
मासी, मामी, बुआ, नानी और
न जाने कितने Relatives को Call करना!
और Papa का हमारे Mobile Phone से
Online Match का Scoreboard देखना!
एक Mobile Phone पता नहीं
केसे सबको जोडे रखता है...!!!
अरे Sorry....
शायद हमारी रोज की आदतों
में Mobile Phone ने कही
अपनी जगह बना ली हैं।

30. कुछ पुराने गानों का दौर (हिंग्लिश)

कुछ पुराने गानों का दौर
कभी खत्म नहीं होता !
बस एसा ही कुछ रिश्ता
मेरा मेरे Grandparents से है।
जब भी उनके साथ वक़्त बांटती मानो
1000 Of Untold Stories सुनने को मिलती।
घर की पहली Baby Girl Grandchild
होंने का सरताज मुजे मिला,
नखरे तो वेसे भी मेरे होने ही थे।
जेसे जेसे बड़ी हुई रिश्तों की
समझ आनी शुरू हुई और
आज तक का सबसे बेहतरीन रिश्ता
मुझे मेरे Grandpaa से मिला,
Grandmaa की तो मे मानो जान थी।
मेरे Lawyer, Doctor, Teacher and Guide
मानो सबकुछ मेरे Grandparents!
Grandmaa मुझे हर बार Mom
की डांट से बचा लेते और
Grandpa मेरी हर जिद पूरी करते!
मेरी Life के हर Phase मे
मैंने उन्हें अपने साथ पाया है!
उनका प्यार मेरे लिए मेरे

Mom and Dad से भी बढ़कर था।
वो हर बार हाथ बढ़ाते मेरे
हर नये Life Phase के लिए,
वो जब भी मुझे Hug करते मानो
मेरे मन को सुकून मिलता,
वो प्यार, वो Blessings से भरे हाथ और
वो सुकून वाले Arms आज भी याद आते है !
आज वो सबकुछ है पर Invisible है!
I can feel them but,
I can't touch them!
कुछ पुराने गानों का
दौर कभी खत्म नहीं होता!
बस एसा ही कुछ रिश्ता
मेरा मेरे Grandparents से है।

31. वक़्त (हिंग्लिश)

वक़्त वक़्त की बात है जो वक़्त
आने पर वक़्त को समझाती है।
माना कोई भी इंसान
सही या गलत नहीं होता
हालात उसे सही या गलत बना देता है।
बस अब बंध करो ये Blame - Game!
क्यु सब कुछ छोड देते हो वक़्त पर?
सही समय का इंतजार मत करो,
तुम्हारे आज को ही सही बनाना सिखों।
वक़्त हमे Opportunities तो देता है
पर हमारी कुछ- आदतें Guarantee &
Warranty के बिना बदलेगी नहीं।
कुछ पाने के लिए कुछ
भी नहीं खोना पड़ता
बस कुछ- आदतें बदलनी पड़ती है
पर खेर ये तो हम सोचने से रहे !
माना Timing Problem सबके साथ होता है,
पर Time को Problem बनाना बंध करो।
Time Is Your Best Friend Dude!
मान लो ये बात !
जो वक़्त के साथ अपनी
Importance समझाता है।
वक़्त के साथ चलना सिखों तो शायद

कभी भी वक़्त आपको पीछे नहीं छोड़ेगा।
वक़्त वक़्त की बात है जो वक़्त
आने पर वक़्त को समझाती है।

32. वो दिन (हिंग्लिश)

आज भी वो ही दिन याद आते हैं जब,
हमारे खेल हमारी नयी
दुनिया हुआ करते थे।
आज भी वो ही दिन याद आते हैं,
जब Cycle की Race मे Last आने पर भी,
दोस्तों के साथ First आने
की खुशियां मनाया करते थे।
आज भी वो ही दिन याद आते हैं जब हमारे
खिलौने हमारे Bedroom की
शान हुआ करते थे!
और माँ की डांट ज्यादा खेलने का
Progressive Report Card हुआ करती थी।
ये उन दिनों की बात है
जब Internet के बिना भी-
लोग एक दूसरे के
साथ Connect हुआ करते थे।
ये उन दिनों की बात है
जब Unlimited Pizza के
अलावा पांच रुपये की chocolate
से हम खुश हुआ करते थे।
जाने कहां चले गए वो दिन!
शायद Maturity, Education और Jobs
की भीड़ में वो दिन कहीं पीछे छूट गए हैं!

आज भी उन कमरों में
Degree Certificate और
Medals में बचपन की यादो के-
Progressive Report Card
पर मिट्टी लग गई है!
वो ही यादे कभी कभी दिल के
दरवाजे पर दस्तक देती है
और आज भी वो ही दिन याद आते हैं....

33. नया साल (हिंग्लिश)

एक और नया साल पता नहीं
कितनी नई ख्वाहिशें?
नये सपनो की दौड़मे पीछे
छूटे कई पुराने ख्वाब।
नई उम्मीद की सुबहमे पीछे छूटी है,
कई रात, जिसमें कभी मेहनत का,
Night Lamp Switch On
हुआ करता था।
दिवाली की मिठाईमें कहीं
खुशियों का गला खराब हो गया हैं,
इसलिये शायद पटाखों
की आवाज में अपनी आवाज
कहीं गुम - सी गई हैं!
अगर Sugar ज़्यादा होगा तो
Health भी खराब होगी,
इसलिए लोगों ने रिश्तों में प्यार
की मिठास ही कम कर दी हैं !
इन्हें कहा पता हैं कि नई उम्मीद में
वहीं पुराने सपनों की जलक हैं!
पर शायद वहीं मेहनत के-
Night Lamp की
Switch On करना भूल गई हैं!
किसी भी रिश्तों में प्यार का

Sugar Level बढ़ा दिया जाए तो
शायद कोई भी Medicine लेने
की ज़रूरत नहीं पड़ेगी!
और जिस रिश्तों में प्यार हैं वहाँ
भरोसे की मिठाई सबको
इकट्ठा करके रखेंगी।
Social Media के
100+ messages को Unread
रखने वालो का भी अलग मिजाज हैं,
जो खुद सुबह जल्दी उठ कर
सबसे पहले अपने मोबाइल फोन
से सबको दिवाली और
नई साल की बधाईयाँ बांटते हैं
कोई तो रोक लो उन्हें !
कभी इन त्योहारों में
दोस्तों से मिल लिया करो,
कभी परिवार के साथ
Night Out कर दिया करो,
फिर पता नहीं
किनकी सरकारें बने और
दिवाली की छुट्टियां कम हो जाए!
एक और नया साल
पता नहीं कितनी नई ख्वाहिशें?
नये सपनो की दोड़ में
पीछे छूटे कई पुराने ख़्वाब...

सारांश

इस पुस्तक को लिखने के पीछे का आशय सिर्फ इतना ही था कि चाहे कितनी भी कठिन परिस्थिति आ जाए, या चाहे जितने भी बुरे अनुभव हो हमें हमारे विचारों पर नियंत्रण लाना बहुत जरूरी है। तुम्हारी विचार शक्ति जितनी मजबूत होगी उतनी ही तुम्हारी प्रतिभा भी मजबूत बनेगी।

जरूरी नहीं है कि लोग क्या सोचेंगे और क्या बोलेंगे! जरूरी यह है कि हम लोगों की बातों को किस तरह से अपने मन पर लेते हैं। हमारा दुख कोई भी बांट नहीं सकता पर हमारा सूख हमे किस से बांटना है वह हम पर निर्भर करता है। जीवन के हर पहलू पर कई इंसान मिलेंगे और चले भी जाएंगे। रह जाती है तो सिर्फ उन्होंने हमसे की गई बातें और उनका हमारे प्रति का भाव। आशा है कि मेरी इस पुस्तक का आपके जीवन के प्रति का भाव आपको हमेशा याद रहेगा।

You can share your reviews & connect with me on:

Instagram : @_aakankshachauhan_

Facebook : @AuthorAakankshaChauhan

Twitter : @Akanksha_AC_

Email ID : akankshachauhan137@gmail.com